AF607195

RITUAL

MARCOS-RICARDO BARNATÁN

RITUAL

VISOR LIBROS

VOLUMEN MCCLVI DE LA COLECCIÓN VISOR DE POESÍA

Ilustración de cubierta: Gloria Pereda, *Laberinto*

Isaac Peral, 18 - 28015 Madrid
www.visor-libros.com

ISBN: 978-84-9895-566-8
Depósito Legal: M-28375-2024

Impreso en España - Printed in Spain
Gráficas Muriel. C/ Investigación, n.º 9. P. I. Los Olivos - 28906 Getafe (Madrid)

CAHIER COCHIN

Lo que vivirá eternamente en el poema
debe hundirse en esta vida.

SCHILLER

Desde mi cama veo
como la noche ilumina las mansardas de París.
Tras mi empañado ventanal se dibujan los cerrados
blancos postigos,
los abiertos balcones y a lo lejos el intermitente
multicolor
de un árbol de Navidad.
La noche se multiplica en el corazón de la noche
y con su precoz oscuridad agranda mi solitario cuerpo
postrado a sus pies.
La noche silenciosa descansa en esta habitación
de grises paredes grises.
La noche que es noche pero que también es día
interminable,
sombra eléctrica que baña mis sábanas estampadas:
Assistance Publique - Hôpitaux de París.
La noche que se viste con el disfraz de la muerte
y dispara pequeños golpes inauditos
sobre mi enfermo corazón.
Y en un rincón de la noche hay una puerta

que solo abren las batas blancas o las batas verdes,
que todas tienen nombre:
Aminatá
Noemí
Isabela
Majorie
Jeremias
Jean-Luis

¿Siempre estuve aquí?
¿Qué hay detrás de este escenario gélido?
Me preguntan mi nombre y mi fecha de nacimiento
todas las veces que dudan de mí.
Acaso soy ya otro que el que trajo aquí
una ambulancia estrecha y sorda.

Con la esperanza de sobrevivirme me hundo
en este higiénico desierto de agujas.
Mañana es un fantasma que no se diferencia de este hoy
tan igual a si mismo y sin embargo sueño con acceder
    a ella
fría y gemela.
Hay camillas angostas que empujan por pasillos y túneles,
espacios blancos sembrados de grandes máquinas blancas.
Hay tubos y ordenes que no siempre entiendo,
pero que siempre obedezco callado.
Perder la vida como en un eclipse,
o esperanza de volver a la atroz salud
sin jardines ni pájaros.
Siempre tendido, prohibido el movimiento,

solo las ráfagas que confunden al activo cerebro.
Me traen periódicos de apretadas letras
que registran un mundo exterior y ausente,
y me alegran los rostros familiarcs
pese al preocupado asombro,
y después se van y vuelve la penumbra,
la angustia sin fin del exilio.
La pesadilla releída de un Gilgamesh
contado para niños sin inocencia.

¿Tiene un final la noche?
La promesa del final la musitan los médicos
cuando barajan posibles fechas que se postergan solas,
hasta que la fecha se hace flecha y acierta en la diana.
La noche se hace amanecer soleado,
intensa luz y tímidas despedidas.
Salimos en un taxi salvador y rugiente
mecánica huida por la anchas avenidas
que sin paradas llevan al destino que es salida
al descifrado aeropuerto más lejano.
El ruido del motor borra el latido.

KADISH

He tardado doce años en llegar a este cementerio austral,
al fin llegó la cita con el lugar donde duermen abrazados
los huesos y las almas de mis ancestros.
Y en el laberinto de mármoles grabados encontré
la sombra de tu tumba que creció alada.
Aquí no estás me dije cuando leí tu nombre:
Noemí Hodari,
no puedo verte aquí, en este espacio terminal que fundó
tu padre.
No, no estás, pero es este monumento de piedra lo que
me queda,
al fondo del incierto pasillo de la vida.
Alzado en el suburbio de una ciudad que todos perdimos.

Te veo en cambio en las viejas fotografías.
Te veo niña en París, en la sonrisa de niña en París.
Te veo en la acera amarilla de la calle Bulnes.
Te veo en un taxi camino de la Richmond de Florida.
Te veo en el jardín nevado de Hampsted
y te veo pletórica en Nueva York, donde fuiste reina.
Te veo en una mesa de black jack en Atlantic City.
Te veo en los almuerzos y las cenas en tu sitio de siempre
de Cipriani.
Te veo en tu pálida cama de la clínica Mater Dei.

Pero esta piedra insiste en encontrarte un lugar inmortal
en el que se desvanece tu memoria y la mía.
Los muertos dependen enteramente de nuestra fidelidad.
He venido a pronunciar una plegaria pero solo la pienso.
No digo las palabras del ritual, solo las pienso.
Para Dios es suficiente.

LA LUNA DE NISSAN

Quizá te vi por primera vez
entre las aspas de El Molino de Buenos Aires,
Rivadavia y Callao,
y en el trozo de cielo del Once
que cubre la calle Lavalle.

Oh ázima luna de la libertad
que cada año renuevas nuestro pacto,
el milenario pacto que con sangre y con vino
nos otorgó la tierra prometida.

Yo soy el mismo niño iluminado
que con un atado al hombro
le preguntan:
¿De dónde venís?
Y que responde:
De Egipto.
¿ Y a dónde vas?
A Jerusalén.

ADONAI

Oí por primera vez tu nombre
de los labios rosados de mi abuelo.
El que me llevó a poner los rimonín
con mis pequeñas manos
en tu alzada Ley
de un diminuto templo
de la calle Lavalle.

Misterioso nombre que me enseñaron
nuestro y único en medio del vacío.
Te sentí en las noches resonar
y te pronuncié en las madrugadas de mi vida.
Eras mi talismán secreto
de extravagante caligrafía.
Adonai Adonai
bendito siempre y rey del universo.

Estás en el silencio de los días
que suman ya muchos, demasiados años.
Adonai Adonai
bendito siempre y rey del universo.

PLENILUNIO

Milosz nos mostró la llave de oro
la llave de oro de la luz
la que abre al mundo la verdad.

Como el Urim y el Tumin
revelan la contundente voluntad
del Señor.

Contra el vacío
contra la Nada
la llave de oro de la luz.

Y sobre la Roca
caerá la noche
la noche azul del plenilunio.

MONEDAS

Mi madre me regaló en el 2002 la moneda de Evita de dos pesos. Comparte un lugar en mi vitrina con la moneda del centenario de Borges de dos pesos. Ninguna de las dos intentó en la noche una artera puñalada.

SOÑADO EN SANTANDER EL 6 DE JUNIO DE 2023

Anoche soñé que venía Borges a cenar a la casa de mis abuelos en Rivadavia,1823, 3.º B. Se extendió la mejor mantelería en la gran mesa del salón y la vajilla de Limoges brillaba bajo las luces de arcoíris que despedía la enorme araña de bacará. Él llegó alegre, con la inevitable compañía de María Kodama. Se habló de Lugones y de Stevenson, de la acumulación de los libros y de un amigo de Borges que vive en Hurlingham.

Los detalles del menú no me fueron revelados, pero sí el esplendoroso postre: una torta Leguisamo que nos subieron de la vecina Confitería del Molino.

CEREMONIA SECRETA

Todo está muy lejos de Santander.
Las llaves de mi casa de la calle Bulnes.
La torre junto al río donde murió Hölderlin.
La vieja escalera de madera de la vieja Praga.

Todo está muy lejos de Santander.
La entrecortada y cavernosa voz de Borges.
El aroma al azahar de Rehavia.
El disco de Festos que custodia Creta.

Todo está muy lejos de Santander.
L'Hotel de la rue de Beaux Arts.
La luz invernal del Hospital Cochin.
La góndola que nos lleva a Saint Michel.

Todo está muy lejos de Santander.
La caligrafía de Vicente Aleixandre.
La ira y la calma en Upper Thames Street.
Los espejos sin rostro del verano.

Todo está muy lejos de Santander.
La ensangrentada letra de Paul Celan.
El quejido ardiente de un bandoneón.
El nunca visto Café de los Angelitos.

Todo está muy lejos de Santander.
La pirámide verde muerte de Waterloo.
Las noches venecianas en el palazzo de Arroyo.
La triste casa de Kavafis en Alejandría.

El ajo de baja cocina que detestó Verlaine.

EL JARDÍN DE LAS DELICIAS

orator fit, poeta nascitur.

Hay una torre amarilla a orillas del Neckar
que fue una carpintería
donde Hölderlin enloqueció.

Hay un puente sobre el Seine
desde el que Paul Celan
abrazó todas las aguas.

Borges se hizo piedra labrada
en un jardín de Plainpalais.

También hay un pequeño reino
dónde se agazapó Edmond Jabès
en la rue de l' Épée-de-Bois.

En el desierto del Néguev
Charles Tomlinson
tomaba cerveza con una pajita.

André Gide y Pierre Louys
visitaron a Paul Verlaine

internado en el Hospital Broussais
en enero de 1890.

Hay un cedro libanés
que sobrevive en Velintonia
qué plantó Aleixandre en 1940.

Hay una biblioteca incendiada
en el apartamento mexicano
de Octavio Paz.

Hay un domingo por la noche,
a las seis en punto,
que de la manera más gloriosa
murió William Blake.
Se le iluminaron los ojos
y se puso a contar todas las cosas
que veía en el Cielo.

SOÑADO EN SANTANDER
EL 24 DE AGOSTO DE 2023

Anoche soñé con mi madre, ella me deshacía una maleta que traía tras un largo viaje. De pronto se encontró entre mi ropa un ejemplar de mi libro RITUAL y dijo: «No me lo habías mostrado», y se puso a leer mi poema «Kadish» dedicado a su tumba.

CIRIA O EL ESPLENDOR DE LA PINTURA

A ti, tela tendida, plano al viento.

RAFAEL ALBERTI. *A la Pintura*

La Pintura es un golpe preciso en el estómago.
La Pintura desgarra ardiente la oquedad de la tela.
La Pintura construye las vigorosas formas que el color
llena de contenido.
La Pintura es sólido cimiento de la armonía.
La Pintura ataca de frente sin armadura.
La Pintura es la líquida esencia que se derrama.
La Pintura es la llamarada que ilumina la noche.
La Pintura es tiniebla vencida por una vertiginosa espada.
La Pintura es la fiesta de la luz y es la fiesta del negro.
La Pintura es luz sin antifaz y es también negra huella
desnudada.
La Pintura es explosión controlada en el vacío.
La Pintura es mar precipitado y es columna que sostiene
el templo.
La Pintura es incesante y audaz.
La Pintura es áurea perfección que siempre permanece.
La Pintura es honda batalla que promete victoria.
La Pintura.
El esplendor de la Pintura.

EL DOCTOR NÉSTOR GUBITOSI EN BICICLETA AL MUERE

Nadie sabe cómo acabó tu historia.
Solo el encuentro de tu cuerpo sin vida
agazapado en un costado árido de la ruta.
Era verano.
El ardiente y húmedo verano bonaerense.
Y vos habías perpetrado la osadía
de ir a dar un paseo en bicicleta.
Pero yo conservo en mi memoria frágil
la imagen de un viejo café de La Plata
y la escritura profética de un soneto
en el rugoso papel de servilleta.
Éramos todos mas jóvenes
en aquel 68 del pasado siglo.
Las caminatas bajo la luna de Buenos Aires.
Un bodegón frente al Parque Lezama
y las festivas milongas que encendían un tango.
Una conversación sin silencios,
apenas cortada por alguna carcajada.
En la que relucían las palabras
dictadas por oráculos y músicas,
por libros que no habíamos leído nunca.
Y Borges y el esplendor de Palermo
y la sombra herida de los grandes árboles.

En cada retorno a la patria desdibujada
era un festín reencontrar tu voz
el eco de tu voz entre las calles.
Sabiduría de la noche la tuya
de una noche preñada de fantasmas
que dejaban su rastro en el fondo
de los vasos de whisky ofrendados
a extraños dioses que solo vos sabías.
Hoy te invoco desde mi edad tardía,
tras la noche más oscura sale el sol.
Tu esqueleto dormido debajo de la mesa,
y el último noctambulo café en el Británico.

1935

Mon Dieu de la France!—exclamó Esther Berconsky— en el desolado salón de su piso de la rue Passy.

Durante toda la tarde la radio dio detalles del accidente aeronáutico de Medellín en el que perdió la vida el famoso cantante de tangos argentino Carlos Gardel.

AMAR AL CONVERSO

El muy sabio sefaradí Moisés bar Maimón, más conocido como Maimónides (1135-1204), contestó una consulta del maestro Ovadiah el Converso con una erudita carta sobre la igualdad originaria de los judíos, sean de nacimiento o prosélitos, en la que con rotundidad afirmaba: «al padre o a la madre hay que honrarlos y reverenciarlos, al profeta obedecerlo, pero al converso hay que amarlo».

VIÑETA EN SAFED

Para Roberto Blatt

El calor y las interminables escaleras de la pequeña ciudad de Safed propician las alucinaciones. Pero no nos anticipemos demasiado. El sol se resistía a caer y su caricia resultaba implacable, incluso cuando cegaba los marcos azules de sus enigmáticas ventanas. Yo me había empeñado en la búsqueda de una tumba gloriosa que flotaba en mi memoria literaria. Y ese anhelo me ayudaba a superar todos los obstáculos.

La ciudad hervía y había ojos inquietos debajo de sombreros negros que nos seguían en silencioso reproche. Moshé Cordovero se llamaba el Sabio, que había descubierto el verdadero número del Corpus Mysticum. Las 340 000 letras visibles de la Ley de Moisés comprenderían 600 000 letras, como las 600 000 almas que abandonaron Egipto y recibieron la Torá en el Sinaí. Él creía que el alma de Adán era un elemento que compartían esas 600 000 almas, esos eternos 600 000 justos. El alma de Adán, escribió Isaac Luria, otro ilustre vecino de Safed, «que contiene todas las almas» existe aún dividida en múltiples formas.

No cesaba mi caminata pero la tarde caía y en lo alto de una larga escalera un grupo de hombres de negro conversaban animadamente en una lengua que no me era desconocida. Al acercarme pude comprobar su acento gauchesco y su ceremoniosa manera de intercambiarse un mate. Incauto de mí pregunté por el lugar de la tumba sagrada que buscaba en el mismo idioma que usaban. Y uno de ellos, que parecía ser el más veterano, sin mirarme le dijo al más joven:

—«Ceferino Namuncurá, vos sos el encargado de guiar al viajero».

ECLIPSE

Bulnes 1937,
Rivadavia 1823,
Lavalle al 2600.
Las casas fundacionales
se diluyen en la opaca memoria.
Implacables en un ayer lejano
se iluminan en el sueño y en la vigilia
se vuelven a borrar como las viejas fotografías.
Las miro con el asombro del descubridor
para después perderlas en la bruma.
Estoy tan lejos del que fui en Buenos Aires
que a veces pienso que nunca estuve en ellas.
¿Soy yo acaso un fantasma que recuerda
sonámbulo un paraíso que jamás existió?
Me reconozco en ese otro algunas tardes
en las que rehuyo el espejo,
y en el silencio de la noche adivino
la voz que tuve, el acento porteño
de aquel que todo lo abandonó
y se entregó a un viaje en el tiempo
para ser este, el que cumplió
tantos, tantos años ausente.
Entré en la noche sin linterna,
en la zona oscura donde los rostros se confunden,

y me empeño en seguir avanzando
por caminos tan frágiles y desconocidos
que huérfanos de mapas
me conducen a inexplicables destinos.
Tan cerca ya de la noble ancianidad,
y la muerte escondida en el azul de un reloj.

SOÑADO EN SANTANDER
EL 7 DE MARZO DE 2024

Esta madrugada soñé con mi madre. Llegaba de improviso, acompañada de unos desconocidos, a una fiesta multitudinaria en el Café Gijón de Madrid. La saludé besándole una mano. Vestía de negro elegante y olía a Boucheron. Parecía mareada y le busqué una silla para que se sentara.

La música que sonaba era *La Pasión según San Mateo* de Juan Sebastián Bach.

HEREDERO SOY

Muy pronto conocí mi pertenencia
a la ignota estirpe de los Abud.
Aromas de un Alepo de tatarabuelos
que rezumaban azahar y cardamomo,
viejos libros de indescifrables letras
que recibían el piadoso beso
antes de que sonara el dilatado recitar
de la grave oración de la mañana.
¿Quiénes eran esos padres de mis padres?
En las tinieblas ardidas del pasado
hay rostros que no reconocen los espejos
pero que se repiten en el espacio cóncavo
y llegan hasta hoy como fantasmas
de negras levitas y sombreros negros.
No hay ya retratos ni fotografías,
ausencia de músicas y recuerdos,
tan solo el sabor de algunos platos
de ardua labor y artesanía,
que se repiten como la fiestas
y han viajado hasta aquí como nosotros.
Sobreviven astillas de las derruidas sinagogas
que las turbas verdes con crueldad arrasaron
y el humo azul de sus casas incendiadas.
Heredero soy de aquellos destronados príncipes

que nunca tuvieron tierra ni corona,
aquellos Abud que perdieron hasta el nombre
pero que están aún en mi sangre desnudada.

NOTAS

Cahier Cochin

El 16 de diciembre de 2019 sufrí una crisis cardiorespiratoria tras almorzar en el café La Rotonde de París. Me internaron en el Hospital Cochin en una unidad de cuidados intensivos durante catorce días. Este poema ha sido una suerte de exorcismo escrito por consejo de mi amigo César Antonio Molina. Debo constatar que durante su escritura, entre Madrid y Santander, el café La Rotonde del Boulevard Montpatnase fue incendiado por un grupo exaltado de huelguistas.

Kadish

Quiero que este poema sea también un homenaje a mi primo César Alfredo Barnatán, Z"L, fallecido en la pandemia, que me llevó al Cementerio Israelita de Ciudadela (Buenos Aires) en octubre de 2018, donde encontré la tumba de mi madre Noemí Hodari.

La luna de Nissan

La luna llena del mes de Nissan aparece anunciando el día en que los judíos fueron liberados de la esclavitud en Egipto. Esa fiesta que marcó mi niñéz está en estos versos.

Adonai

Es el primer nombre que conocí de Dios. Y lo oí en los labios de mi abuelo Aaron Adolfo Hodari.

Ciria o el esplendor de la pintura

El 29 de abril de 2024 se inauguró en las Naves de Gamazo (Santander) una gran exposición del pintor José Manuel Ciria que comisarié. Con este poema se cierra mi texto introductorio del catálogo. Debo decir que su traducción al inglés, obra de Justin Peterson lo mejora bastante.

El doctor Néstor Gubitosi en bicicleta al muere

La trágica y extraña muerte de mi tío el doctor Néstor Gubitosi me sirve de pretexto para evocar nuestras andanzas juveniles en una ciudad de Buenos Aires que ya no existe. El título es una irónica alusión a Borges, presente siempre en nuestra amistad.

Viñeta en Safed

Fruto de una surrealista conversación telefónica con mi amigo el filósofo uruguayo Roberto Blatt, es esta ficción alucinada. La aparición del beato mapuche Namuncurá en las estrechas calles de la cabalística Safed es una licencia que se permite la fábula.

Eclipse

Mirar en el túnel del pasado es un ejercicio masoquista al que nos sometemos algunos poetas con mucha felicidad. A veces la experiencia coincide con un verdadero eclipse solar, como es el caso.

Heredero soy

Aunque yo conocía de oídas el secreto, la aparición reciente de un documento registral prueba que mi apellido Hodari, que tengo dos veces, es solo un apodo de una rama de la familia Abud. Mis bisabuelos y tatarabuelos eran de la casa de los Abud de Alepo.

ÍNDICE

Esta primera edición de *Ritual,* se acabó
de imprimir en Madrid, el 12 de enero
de 2025, día del fallecimiento de
Ángel González en Madrid,
17 años antes.